トマト・ブック

坂田 阿希子

東京書籍

はじめに

トマトってかわいい名前だね
上からよんでもトマト
下からよんでもトマト

こんな歌がありましたっけ。


同級生のおうちは大きな農家の家で、夏休みに遊びに行くと
お父さんもお母さんも昼寝をしている。農家の夏の朝は早い。

まだ涼しいうちに作業をして、暑い昼間は昼寝をする。そして夕方また働くのだそう。

お昼ごはんを作ろうよ。

その子は言って、サンダルをつっかけてすぐ外に広がる畑に出た。

そこには真っ赤なトマトがいっぱいぶら下がっていて、
ミンミンと蝉が鳴く真っ昼間の太陽を浴びて、誇らしげにこちらを見ている。

ぶつっともぎ取って、その子はトマトをかじった。

私も真似してトマトをかじると、ぴゅうっとトマトの果汁が飛び出して、
生温かいそのトマトから、ものすごいお日様の匂いがする。

あまりにもおいしいので夢中で丸ごと食べてしまった。

そのあと、そのトマトをいくつももぎ取り、そのおうちの台所でスパゲッティを作った。

玉ねぎとピーマンをオイルで炒めて、ぶつ切りのトマトを入れて強火で炒める。

そこにトマトケチャップ。バターを少しと、ゆでたスパゲッティ。

もぎたてトマト入りのナポリタン。お日様の匂いがするフレッシュな味のナポリタン。

私はそれから、ナポリタンには生のトマトを入れるのが定番になった。


いつだって元気いっぱいのトマト。

真っ赤で、おいしくて、瑞々しくて、世界中で愛されているトマト。

上からよんでも、下からよんでも、やっぱりトマトはかわいい名前だ。

坂田阿希子

contents

＊計量単位は、1カップ＝200mℓ、大さじ1＝15mℓ、小さじ1＝5mℓ、1合＝180mℓです。
＊ガスコンロの火加減は、特にことわりのない場合は中火です。
＊オーブンの焼き時間は目安です。
機種によって多少差があるので、様子を見ながら加減してください。
＊特にことわりがない場合、酢は米酢、塩は自然塩を使います。
＊オリーブオイルはエキストラバージンオリーブオイルを使います。
＊トマトは、トマト、フルーツトマト、ミディトマト、ミニトマトで表記しています。
銘柄などは好みのものを使ってください。

この本で使ったトマト

「桃太郎」に代表される丸玉タイプ、
糖度の高いフルーツトマト系、
ちょっと小さめのミディトマト、
昔からあるミニトマト、
もっと小さいマイクロトマト。
ミニトマトは、黄、オレンジ、
グリーン、紫などカラフルで、
まん丸、涙形、フットボール形など
いろいろ。枝つきのものは
なんだかそれだけでかっこいい。
好みのものを使っていい。

冷凍トマトはおいしい

赤く熟したトマト。
ピカピカに光って
おいしそうだったから
つい買いすぎた。
そんなときは、そのまま冷凍庫へ。
夏の暑い日、冷凍庫から
取り出して、少し解凍して、
皮をむきながら
砂糖をつけながら
頬張るのが最高。

薄切りは神秘的

トマトをごくごく薄く切ってみる。
皮の部分、赤い果肉の部分、
種とゼリーの部分が
万華鏡みたいに見えてくる。
その模様は
一つとして同じものがない。
ミクロの構造にも
おいしいトマトの秘密が
隠されているのだろうか。

トマトで花を描いてみる

色がきれいでキュート。だから、
フルーツみたいに飾り切りをしてみよう。
大玉トマトは、薄く切ってバラの花、
丸いミニトマトは
ギザギザに切り込みを入れて小花、
フットボール形のミニトマトは
切り込みを入れてチューリップの蕾。
パセリやバジルが軸や葉っぱ代わり。

ブラッディマリー

ウオッカとトマトジュースで作るカクテル。カクテルなのに、タバスコ、ウスターソース、塩などが入っていて、パンチが効いている。二日酔いの迎え酒にいいとか。「トマトが赤くなると医者が青くなる」というヨーロッパのことわざがあるように、トマトにはビタミンやミネラルがたっぷり。

ブラッディマリーの作り方

ウオッカとトマトジュースはよく冷やしておく。氷を入れたグラスにウオッカ40㎖を入れ、トマトジュース250㎖を注ぎ入れ、塩小さじ¼、レモンの搾り汁小さじ⅓、タバスコ、ウスターソース各少々を入れる。バー・スプーンなどで混ぜる。グラスの縁にカットレモンを刺し、セロリをマドラー代わりに添える。

赤いトマトジュースは
フレッシュ感があってフルーティー。
いつも作りたてを飲むのが理想的。
透明なトマトジュースは
一晩かけてしずくを集めた
トマトエキス。
ほんの少し口に含むだけで
トマトの魅力を感じることができる。

赤いトマトジュースと透明なトマトジュース

赤いトマトジュースの作り方

鍋にトマトのざく切り10個分と塩少々を入れ、火にかける。沸騰したら弱火にして10分ほど煮る。粗熱をとってミキサーで撹拌してなめらかにし、ストレーナーや漉し器で漉す。好みで塩を足しても。冷やしてグラスに注ぐ。

透明なトマトジュースの作り方

トマトのざく切り8個分、塩（トマトの重量の1％）をミキサーまたはフードプロセッサーで撹拌する。ボウルにストレーナーをのせ、さらしや不織布タイプのペーパータオルを敷いてトマト液を流し、一晩冷蔵庫でゆっくりと液体を落とす。

トマトの加工品

ソース、ジュース、ケチャップ、
ピューレ、ペースト、ざく切り、水煮、
ドライ、ピクルス……。
トマトの加工品はいろいろ。
なにがすごいって、
生のトマトと同じくらい栄養成分があること。
栄養士さんが栄養計算をするとき、
加工品の分もちゃんと入っている。
トマトがないときは、
加工品を食べればトマトの栄養が摂れる。

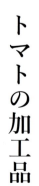

トマトが好きすぎて

かつて販促にでも使われていたのか、
トマトが描かれた緑色のLPレコード
『Hello English』を聴きながら、
子ども向けに作られた外国の料理本を見る。
トマトアコーディオン!?
早速キッチンに立って作ってみた。
ナイフとフォークがないと食べられないね。

トマトアコーディオンの作り方
大きめのトマトに1cm幅くらいの切り込みを入れてアコーディオンのように開き、同じくらいの幅に切ったゆで卵を差し込む。刻んだオリーブを散らしてフレンチドレッシングをかける。

冷やしトマト

真っ赤に熟したトマトを
ざっと洗って
氷水でキーンと冷やす。
夏の暑い日のおやつに最高！
ビールのお供にももってこい。

■冷やしトマトの楽しみ方

レモンと砂糖

冷やしトマトに砂糖(上白糖)をのせ、
レモンをキュッと搾って。

熱々クミンオイルと塩

オリーブオイル大さじ3と
クミンシード小さじ1を
フライパンに入れて熱し、
輪切りにした冷やしトマトに
ジャッとかける。塩をぱらり。

カッテージチーズとおかかじょうゆ

4つ割りにした冷やしトマトに
カッテージチーズと削り節をのせ、
しょうゆをたらり。
オリーブオイルもちょっぴりかけて。

マヨネーズと塩昆布

半分に切った冷やしトマトに
マヨネーズと塩昆布をのせて。
昆布のつくだ煮でも。

湯むきトマト

熱湯にさっとくぐらせたトマトを
冷水に取ると、皮が弾けて
つるっときれいに皮がむける。
この感じが気持ちいい。
やわらかそうで繊細な肌が魅力的。

■トマトの皮を湯むきする

トマトはヘタの両脇に浅く切り目を入れ（a）、1個ずつ熱湯にさっとくぐらせて網じゃくしなどで取り出し（b）、冷水に取る（c）。

弾けた皮を指で持ってむく（d）。

できあがり（e）。ミニトマトも同様に。

そのあと包丁でヘタを取る（f）。

湯むきのほか、トマトをフォークに刺して直火で炙って皮を弾けさせ（g）、冷水に取る方法も。

■湯むきトマトの楽しみ方

玉ねぎドレッシングで

米酢大さじ1、塩、砂糖各小さじ½、
白こしょう少々をよく混ぜ合わせ、
玉ねぎのみじん切り¼個分を加える。
オリーブオイル大さじ3を
少しずつ加えながら混ぜ、
パセリのみじん切り大さじ1を加えて
玉ねぎドレッシングを作る。
半分に切った湯むきトマトにかける。

オランデーズソースで

卵黄1個分に水大さじ2を加えて
湯煎にかけながら泡立てる。
もったりとしてきたら、
溶かしバター60gを
少しずつ加えながら混ぜ、
塩、白こしょう各少々、
レモンの搾り汁小さじ1を加えて混ぜる。
丸ごとの湯むきトマトにかける。

甘酢にひたして

米酢大さじ4、砂糖大さじ2、塩小さじ1を
よく混ぜ合わせ、
湯むきトマト（ミディトマト）を加え、
味がしみるまで冷蔵庫で冷やす。

だし汁をかけて

鍋にだし汁1カップを入れて沸かし、
塩小さじ½、薄口しょうゆ、みりん各少々を
加えて味を調え、一煮立ちさせる。
湯むきトマトにかけて冷めるまでおく。
針しょうがをのせる。
冷蔵庫で冷やしてもいい。

グリルトマト

丸ごとトマトを網焼きにすると、
焦げた部分がほどよく香ばしく、
皮も自然に弾けて、見るからにおいしそう。
果肉はやわらかく、一口頬張るとジューシーで、
加熱したトマトのうまみが味わえる。
トングなどで時々返しながら焼くのがポイント。

■グリルトマトの楽しみ方

しょうゆとオリーブオイル

しょうゆ、オリーブオイル各適量をかけて。
はじめにしょうゆ、次にオリーブオイルの順がおすすめ。
トマトにしょうゆの味がなじみやすい。

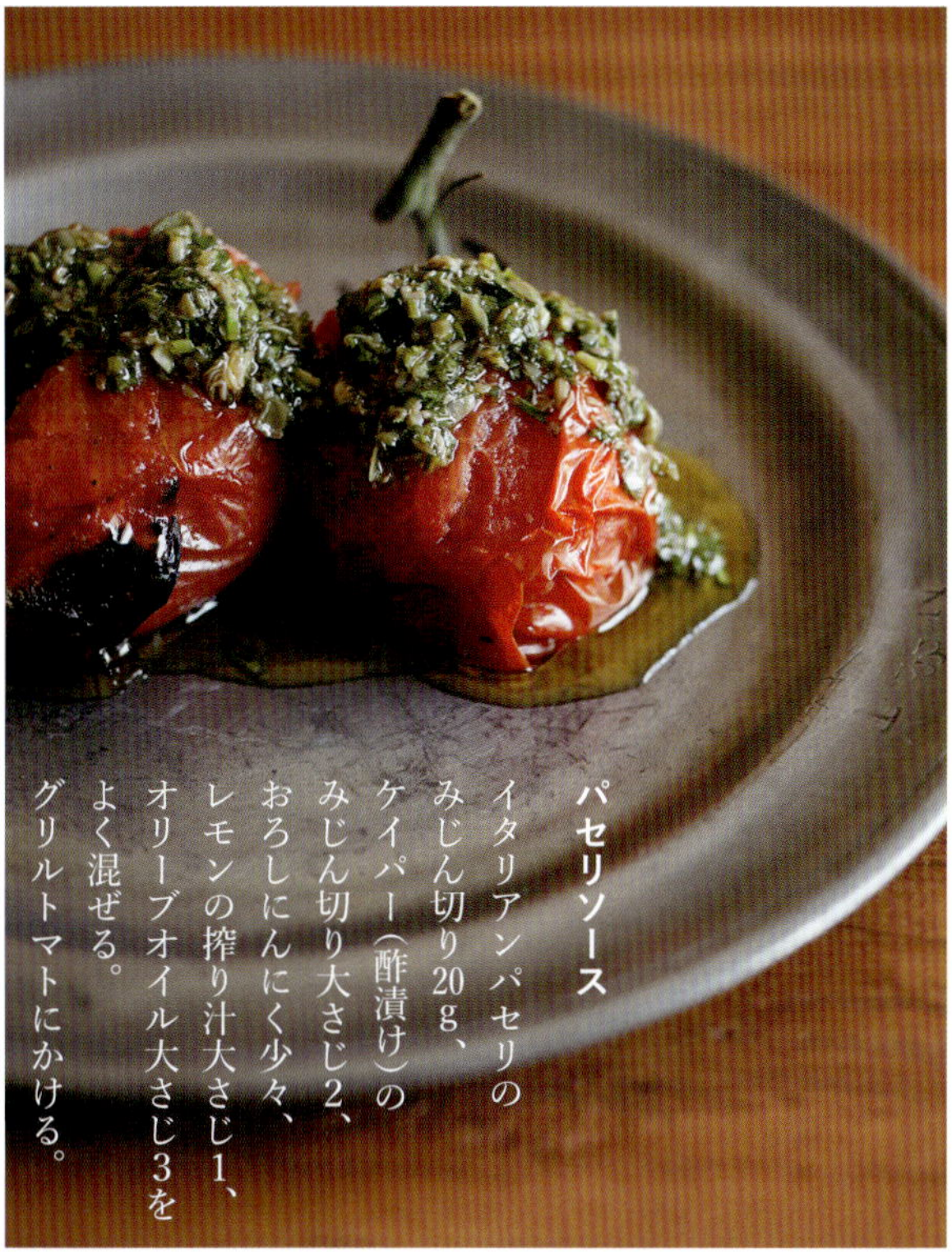

パセリソース

イタリアンパセリの
みじん切り20g、
ケイパー(酢漬け)の
みじん切り大さじ2、
おろしにんにく少々、
レモンの搾り汁大さじ1、
オリーブオイル大さじ3を
よく混ぜる。
グリルトマトにかける。

アバウトタルタル

ゆで卵2個をフォークでざくっと粗くつぶし、
きゅうりのピクルスのみじん切り小4～5本分、
マヨネーズ大さじ3、ウスターソース小さじ½、
塩、黒こしょう各少々を加えて混ぜる。
グリルトマトにからめて食べる。

アンチョビーオリーブソース

グリーンオリーブ(種抜き)
3～4個は
包丁の背でつぶし、半量は
さらにみじん切りにする。
包丁でたたいた
アンチョビー10g、
白ワインビネガー小さじ1½、
こしょう少々、
オリーブオイル大さじ1½を
加えて混ぜる。
グリルトマトにのせる。

ローストトマト

トマトはさっと洗って水気を拭き、ところどころに包丁で浅く切り目を入れ、にんにくの薄切りを差し込んだり、オレガノをのせたりする。オリーブオイルを回しかけ、250℃のオーブンで10～15分焼く。にんにくとオレガノの香りが鼻をくすぐる。

■ローストトマトの楽しみ方

粗塩とオリーブオイル

ローストトマトに粗塩をふって、オリーブオイルを回しかけて。

焦がしバターと塩、黒こしょう

バター50gを小鍋に入れて火にかけ、全体に茶色く色づき、ナッツのような香りが立つまで焦がす。ローストトマトにかけて、粗塩、黒こしょうをふる。

パン粉をつけてロースト

トマト4～5個はヘタを取って横半分に切り、オーブン使用可能のフライパンや耐熱皿に並べる。パン粉½カップ、パセリのみじん切り大さじ2、オリーブオイル大さじ4、塩小さじ½、粗く刻んだ松の実大さじ3を混ぜ、トマトにかけ、190℃のオーブンで10～15分焼く。

ソテートマト

トマトはヘタを取って
1.5cmくらいの厚めの輪切りにして、
オリーブオイルを熱した
フライパンに並べ、
塩をぱらりとふる。
焼き色がつくまでしっかり焼き、
裏返して塩をふって、でき上がり。

ポークソテーと一緒に

1 豚ロース肉（厚切りソテー用）2枚は室温に戻し、筋切りをして塩、白こしょうをしっかりめにふり、薄力粉を薄くまぶす。

2 フライパンを熱してオリーブオイル大さじ2とバター大さじ1をなじませ、にんにくの薄切り1かけ分を入れて香りを出す。

3 豚肉を加えて強火でしっかりと焼き、にんにくは色づいたら豚肉の上にのせる。裏返して火を少し弱め、フライパンを傾けて油をかけながら焼き、肉を立てて側面も焼く。

4 ソテートマトとともに器に盛る。

アイリッシュ ブレックファースト

1 マッシュルーム6個は厚めに切り、オリーブオイル適量で炒め、塩、白こしょうをふる。ソーセージ1本はじっくりと焼く。ベーコン1枚は厚めに切って脂が出てまわりがカリッとするまで焼く。

2 卵2個はスクランブルエッグにする。

3 ソテートマトとともに器に盛り合わせる。

■ソテートマトの楽しみ方

ソテートマトの簡単スープ

1 トマト½個を厚切りにし、オリーブオイル小さじ1を熱したフライパンで両面強火で焼き、塩を強めにふる。

2 スープボウルやマグカップに入れ、熱々のお湯150㎖を注ぎ（**写真**）、スプーンでトマトをつぶしながら混ぜる。味をみて塩、黒こしょうをし、パセリのみじん切りをふる。

トマトバーガー

1 牛赤身ひき肉300gは直前まで冷やしておく。手で粘りが出るまで練り混ぜ、2等分にして丸め、空気を抜きながらバンズの一回り大きいサイズに薄く形作る。

2 オリーブオイル適量を熱したフライパンで強火でこんがりと焼き、しっかりめに塩と黒こしょうをする。裏返し、少し火を弱めて好みの焼き加減に焼き上げる。ヘタを取ったトマト1個を半分に切って一緒に焼く（**写真**）。

3 バンズの厚みを半分に切り、切り口をフライパンで焼く。切り口に辛子バターをぬり、上になるバンズにはマヨネーズもぬる。ハンバーグ、レリッシュ、ソテートマトをはさむ。

＊レリッシュ……玉ねぎのみじん切り¼個分、きゅうりのピクルスのみじん切り小4本分、米酢小さじ2、砂糖小さじ1を混ぜる。

フライトマト

カリッとした衣に包まれたトマトは
甘酸っぱくてやわらかくってジューシー。
輪切りにして揚げれば洋食屋さん風、
ウスターソースをかけるとご飯のおかずになる。
フリッターにすれば温製オードブル、
串に刺して揚げればビールのお供に。

レモンをキュッと搾って

1 トマト2個はヘタを取り、1.5㎝厚さの輪切りにする。表面の水分をペーパータオルで拭き取る。

2 揚げる直前に塩、白こしょうをふり、薄力粉をまぶし、溶き卵、パン粉の順に衣をつける。

3 高温の揚げ油でこんがりと色づくまで揚げる。器に盛り、パセリ、レモン、ウスターソースを添える。

■フライトマトの楽しみ方

1 ミニトマト12個はヘタを取り、全体に小麦粉をまぶす。

2 ボウルにビール½カップ、塩少々、ふるった薄力粉60gとベーキングパウダー小さじ½を入れて軽く混ぜ、衣を作る。

3 フライパンに多めのオリーブオイルを熱し、ミニトマトを衣にくぐらせ（**写真**）、高温で揚げる。カラリとして色づいたら油をきり、塩をふる。

4 サワークリーム50gを牛乳少々でのばし、粗びき黒こしょうをふる。トマトフリットをつけて食べる。

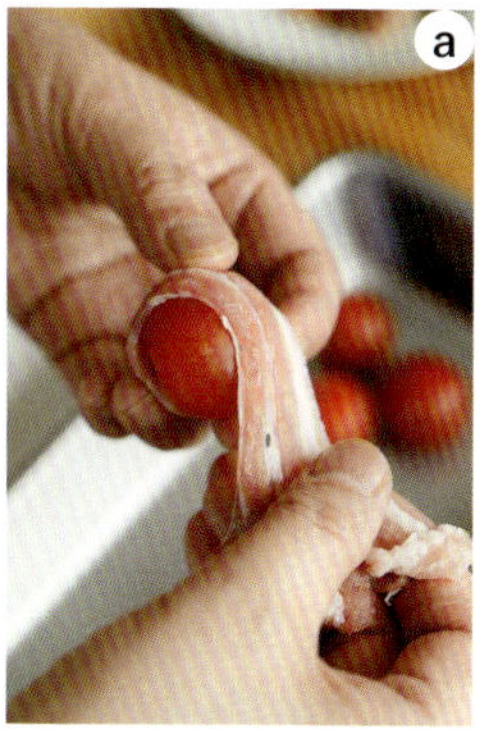

ミニトマトの串揚げ

1 ミニトマト10個は、半量はそれぞれ豚バラ薄切り肉1枚をそれぞれ巻きつけ（a）、残り半量は生ハム1枚を巻きつける。1個ずつ竹串に刺す。

2 薄力粉60gとビール½カップを混ぜる。

3 豚肉を巻いたものには薄力粉、**2**、目の細かいパン粉をつけ（b）、生ハムを巻いたものには薄力粉、**2**、パン粉にパセリを混ぜてつける。

4 やや高温の揚げ油できつね色に揚げ（c）、レモンを添える。

えびも入ってボリューム満点。香りのよいねぎだれがポイント

トマトのマリネ

トマトのエスニックマリネ

材料　作りやすい分量

トマト＿小３個
えび(無頭、殻つき)＿10尾
紫玉ねぎ＿¼個
マリナード
　にんにくのみじん切り＿２かけ分
　万能ねぎの小口切り＿½束分
　サラダ油＿60mℓ
　ナンプラー＿大さじ４
　米酢＿60mℓ
　砂糖＿大さじ３
　赤唐辛子＿小２本
　塩＿少々

1 マリナードを作る。万能ねぎはボウルに入れておく。フライパンにサラダ油とにんにくを入れて火にかけ、色づいて香りが出たら、油ごと万能ねぎのボウルに移す(a)。

2 1のフライパンにナンプラー、米酢、砂糖、種を取った赤唐辛子、塩を入れて一煮立ちさせ、冷ます。1のボウルに加えて混ぜる。

3 トマトはヘタを取ってくし形に切り、紫玉ねぎは薄切りにして水にさらす。

4 えびは尾を残して殻を取り、包丁で背に深めの切り目を入れ、背ワタを取る。酒少々、レモンの薄切り2枚(各分量外)を加えた熱湯でゆで(b)、水気をきる。

5 器にトマト、水気をきった玉ねぎ、尾をとったえびを入れて混ぜ、マリナードを回しかけ(c)、30分ほどマリネする。

トマトの甘いマリネ

材料　作りやすい分量
トマト＿4個
マリナード
　メープルシロップ＿200mℓ
　水＿50mℓ
　塩＿一つまみ

1 トマトは皮を湯むきし(p.17参照)、ヘタを取る(a)。
2 耐熱ボウルに1を入れ、マリナードの材料を混ぜ合わせて加える(b)。
3 蒸気の上がった蒸し器に入れ、10分ほど蒸す(c)。
4 ボウルに入れたまま冷まし、冷蔵庫でしっかりと冷えるまでマリネする。

マリナードと一緒に蒸してそのまま冷蔵庫へ。この上ないおいしさ

湯むきしてマリネすると、味がじんわりしみて美味

ミニトマトいろいろのマリネ

材料　作りやすい分量

ミニトマト(紫、黄、オレンジ、緑など)__20個

マリナード

米酢__大さじ4

塩__小さじ1

オリーブオイル__大さじ4

はちみつ__大さじ1

1 ミニトマトはヘタを取って包丁で切り目を少し入れ(a)、適量ずつ熱湯に入れて1～2秒くぐらせ(b)、氷水に取る(c)。

2 皮をむいてバッドに入れる。

3 マリナードの材料を混ぜ合わせ、2にかけて1時間以上マリネする。

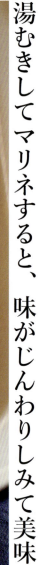

フレッシュ感はそのまま。肉料理のつけ合わせなどに

材料　作りやすい分量
ミニトマト＿20〜30個
にんにく＿2かけ
バジル＿5〜6枚
マリナード
赤唐辛子＿小1本
白ワインビネガー＿300mℓ
水＿100mℓ
塩＿小さじ2
砂糖＿40g

ミニトマトのピクルス

1 ミニトマトはへたを取り、ところどころ竹串で穴をあける。つぶしたにんにく、バジルとともに瓶に入れる。

2 鍋にマリナードの材料を入れて一煮立ちさせ、**1**に注ぎ入れる。一晩マリネする。

トマトをナイフで切ると、中にはツナとセロリのサラダ

トマトのサラダとあえもの

材料　4人分
トマト＿4個
玉ねぎ＿⅛個
セロリ＿¼本
ツナ缶＿100g
マヨネーズ＿大さじ2
クリーミードレッシング
- マヨネーズ＿大さじ2
- レモンの搾り汁＿小さじ1
- フレンチマスタード＿小さじ1
- 塩＿小さじ⅓
- 白こしょう＿少々
- オリーブオイル＿大さじ1
- 水＿小さじ1
- 砂糖＿少々

丸ごとトマトのサラダ

1 トマトは皮を湯むきし(p.17参照)、ヘタから1㎝くらいを切り落とし、外側の果肉を残しながら、種の部分をくり抜く(**a**)。

2 玉ねぎ、セロリは5㎜角に切って塩少々(分量外)でもむ。ツナはほぐす。ボウルに合わせ、マヨネーズを加えてあえる(**b**)。

3 ドレッシングの材料は混ぜ合わせる。

4 トマトに**2**を詰め(**c**)、ひっくり返して器に盛り(**d**)、ドレッシングをかける。

a

b

c

d

ドレッシングとゆで卵がお約束。洋食の定番レシピ

材料　４人分
トマト＿２個
玉ねぎ＿¼個
ゆで卵＿１個
パセリのみじん切り
　＿大さじ１
フレンチドレッシング
　フレンチマスタード
　　＿小さじ２
　塩＿小さじ½
　白こしょう＿少々
　赤ワインビネガー
　　＿小さじ２
　砂糖＿一つまみ
　オリーブオイル
　　＿大さじ３

1 ドレッシングを作る。ボウルにフレンチマスタード、塩、こしょう、ワインビネガー、砂糖を入れ、塩が溶けるまでよく混ぜる。オリーブオイルを少しずつ加え、とろりと乳化するまで混ぜる。

2 トマトはヘタを取って５㎜〜１㎝厚さの輪切りにする。玉ねぎ、ゆで卵はみじん切りにする。

3 器にトマトを少しずらしながら盛りつけ、ドレッシングを回しかけ、玉ねぎ、ゆで卵、パセリを散らす。

オレンジの甘さと酸っぱさが加わった、瑞々しい一皿

トマトとオレンジのサラダ

材料　4人分
フルーツトマト＿4個
オレンジ＿1個
紫玉ねぎのみじん切り＿大さじ1
白ワインビネガー＿小さじ1
塩＿小さじ½
オリーブオイル＿大さじ3

1 トマトはヘタを取ってくし形に切る。オレンジも皮をむいてくし形に切る。出てきた果汁は大さじ1ほど取っておく。

2 ボウルに紫玉ねぎのみじん切り、**1**のオレンジの果汁、ワインビネガー、塩を入れて混ぜ、オリーブオイルを加えて混ぜ合わせる。

3 トマト、オレンジを**2**のドレッシングであえる。

アンチョビーの塩気で味わう、カプレーゼの進化形

カプレーゼ風サラダ

材料　2～3人分
ミニトマト(グリーン、紫など)＿12個
モッツァレラチーズ＿1個
アンチョビー＿3～4枚
バジル＿適量
粗塩、粗びき黒こしょう＿各適量
オリーブオイル＿大さじ2～3

1 ミニトマトはヘタを取って縦半分に切る。モッツァレラチーズは4～6等分に切る。

2 器に**1**を盛り、食べやすくちぎったアンチョビーとバジルを散らす。粗塩とこしょうをふり、オリーブオイルを回しかける。

ヨーグルトソースを使った、エキゾチックな味わい

焼きトマトと焼きなすのサラダ

材料　2～3人分
トマト＿2個
なす＿2本
オリーブオイル＿大さじ4
塩、粗びき黒こしょう＿各適量
ヨーグルトソース
- プレーンヨーグルト＿100g
- 塩＿小さじ⅓
- レモンの搾り汁＿小さじ1
- オリーブオイル＿小さじ2
- 黒こしょう＿少々
- クミンパウダー＿小さじ½

イタリアンパセリの粗みじん切り＿大さじ2
ミントの粗みじん切り＿適量

1 トマトはヘタを取って横半分に切る。なすはヘタを取って皮をむき、2cm厚さの輪切りにする。

2 フライパンにオリーブオイル大さじ3を熱し、なすを入れてしっとりするまで焼き、取り出す。フライパンにオリーブオイル大さじ1を足し、トマトを入れて両面強火でしっかりと焼く。それぞれ塩、こしょうをふる。

3 ヨーグルトソースの材料は混ぜ合わせる。

4 器にトマトとなすを盛り、ヨーグルトソースをかけ、イタリアンパセリとミントをたっぷりと散らす。

トマトとフェンネル、いわしのサラダ

材料　4人分
トマト＿小4個
フェンネル＿½株
フェンネルの下味
　塩＿少々
　レモンの搾り汁＿小さじ2
いわし(3枚におろしたもの)＿4尾
塩、白こしょう＿各適量
薄力粉＿適量
オリーブオイル＿適量
レモン＿適量

1 フェンネルは葉と株の部分に分け(a)、株は繊維を断つように極薄切りにし(b)、軽く塩をふり、レモンの搾り汁をかける。葉は食べやすい長さに切ったものを少し使う。

2 いわしは骨を取り除き、塩、こしょうをし、薄力粉を薄くまぶす。フライパンにオリーブオイル大さじ2を熱し、いわしを皮目を下にして並べ入れ、カリッとしたら裏返し(c)、両面焼く。

3 トマトはヘタを取り、1㎝厚さの半月切りにする。

4 ボウルに水気をきったフェンネルの株、フェンネルの葉、トマトを合わせ、オリーブオイル大さじ3、塩小さじ½を加え、レモンを搾りかけて味を調える(d)。

5 器に**4**を盛り、**2**のいわしをのせる。好みでレモンを搾って食べる。

フェンネルは独特の香りがあって爽やか。私の好きな組み合わせ

しょうがや花椒を効かせた、パンチのある味わい

材料　4人分
トマト＿2～3個
中華風ねぎだれ
　長ねぎのみじん切り
　　＿5㎝分
　しょうがのすりおろし
　　＿1かけ
　花椒《ホワジャオ》＿小さじ¼
　塩＿小さじ½
　ごま油＿大さじ3
　水＿大さじ1と½
香菜＿適量

ちぎりトマトの中華風

1 中華風ねぎだれを作る。花椒をすりつぶし、長ねぎ、しょうが、塩とともに耐熱ボウルに入れておく。

2 小さいフライパンにごま油を入れて火にかけ、熱くなったら**1**のボウルに一気に入れ、花椒の香りを出す。水を加えて混ぜる。

3 トマトはヘタを取って手でざっくりとちぎり、香菜もちぎる。ボウルに入れ、**2**を加えてあえる。

えごまの葉とえごま油、にんにくで韓国風

フルーツトマトのナムル

材料　4人分
フルーツトマト＿4～5個
えごまの葉＿3～4枚
にんにくのすりおろし＿¼かけ分
えごま油またはごま油＿大さじ2
塩＿小さじ⅓

1 トマトはヘタを取って2～3㎝角に切る。えごまの葉は手でちぎる。

2 ボウルに**1**とにんにくを入れ、えごま油、塩を加えてあえる。

黒ごま衣とコクで、トマトの甘さが引き立ちます

トマトの黒ごまあえ

材料 4人分
ミニトマト__10個
黒ごま__大さじ1
しょうゆ__小さじ1
砂糖__少々
ごま油__小さじ1

1 ミニトマトはヘタを取って縦半分に切る。

2 ごまはフライパンなどで香りが出るまで炒り、すり鉢に入れて半ずりにする。しょうゆ、砂糖、ごま油を加えて混ぜる。

3 2にミニトマトを加えてあえる。

トマトの白あえ

オリーブオイル入りのあえ衣がトマトによく合います

材料　4人分
ミニトマト＿10個
枝豆＿正味70g
木綿豆腐＿½丁（約150g）
薄口しょうゆ＿小さじ1
砂糖＿小さじ1
オリーブオイル＿小さじ2
黒こしょう＿少々

1 ミニトマトはヘタを取り、縦半分に切る。枝豆はゆでてさやから取り出す。

2 豆腐はペーパータオルに包んでバッドにのせ、重しをして40分ほど水きりする。

3 すり鉢に豆腐を手でくずしながら入れ、薄口しょうゆ、砂糖を加えて軽くつぶす。オリーブオイルを加え、豆腐の形が少し残るくらいまで、すり混ぜる。

4 **3**にトマトと枝豆を加えてざっくりとあえ、こしょうをふって混ぜる。

トマトのスープ

トマトと焼きパプリカで作る、甘みを感じるなめらかタイプ

ガスパチョ

材料　作りやすい分量

ミディトマト＿10個
パプリカ(赤)＿2個
バケット＿6㎝(40g)
パプリカパウダー＿小さじ1
オリーブオイル＿大さじ4
水＿1カップ
塩＿適量
赤ワインビネガー＿少々
トッピング
　ミニトマト＿適量
　玉ねぎ＿¼個
　セロリ＿¼本
　塩＿少々
　レモンの搾り汁＿少々
　オリーブオイル＿大さじ2

1 ミディトマトはヘタを取って縦半分に切る。パプリカはヘタを取ってオーブントースターまたは焼き網で皮が真っ黒に焦げるまで焼く。ラップなどをして少し蒸らしてから皮をむいて種を取り、手で適当な大きさにさく。バケットは1㎝厚さに切り、水適量で湿らせ、水気を絞ってパプリカパウダーを混ぜる(**a**)。

2 ミキサーに**1**を入れ、半量のオリーブオイルと半量の水を加え(**b**)、撹拌する(**c**)。

3 塩小さじ1、残りのオリーブオイルと残りの水を加え、さらに撹拌する。塩、ワインビネガーで味を調え、ボウルに移して冷蔵庫に入れて冷やす。

4 トッピング用のミニトマトはヘタを取って4つ割りにする。玉ねぎとセロリは5㎜角に切る。ボウルに合わせ、塩、レモンの搾り汁、オリーブオイルを加えてあえる。

5 器に**3**を注ぎ入れ、**4**をのせる。好みでオリーブオイル少々(分量外)を回しかける。

トマトクリームスープ

材料　作りやすい分量
トマト＿３個
玉ねぎ＿½個
セロリ＿¼本
バター＿30g
塩＿小さじ¼
水＿２カップ
生クリーム＿40mℓ
塩、白こしょう＿各適量
シブレット＿適量

1 トマトは皮を湯むきをし(p.17参照)、ヘタを取り、半分に切って種を取り、ざく切りにする。玉ねぎ、セロリは薄切りにする。

2 鍋にバターを熱し、玉ねぎとセロリを入れて色づかないように弱めの中火で炒める(**a**)。しっとりしてきたらトマトを加え(**b**)、ざっと炒めたら塩を入れ、ふたをして弱火で10分ほど蒸し煮する。水を注ぎ入れて一煮立ちさせる。

3 **2**をミキサーに入れ、なめらかになるまで撹拌する(**c**)。

4 鍋に戻し、再び火にかけて生クリームを加えて混ぜ(**d**)、一煮立ちさせて火を止める。塩、こしょうで味を調える。

5 器に注ぎ入れ、シブレットを添える。

クリーミーでやさしい味わいの洋食屋さん風。冷製にしても

「ピストゥ」と野菜スープを合わせていただく、南仏のスープ

ピストゥスープ

材料　作りやすい分量
トマト＿大2個
玉ねぎ＿½個
セロリ＿1本
さやいんげん＿10本
ズッキーニ＿1本
にんにく＿1かけ
オリーブオイル＿大さじ2
パスタ(フジッリ)＿70g
塩＿小さじ1
白こしょう＿少々
水＿3カップ
タイム＿1枝
ピストゥ
　バジル＿20g
　塩＿二つまみ
　松の実＿大さじ2
　にんにく＿¼かけ
　オリーブオイル＿大さじ3
グリエールチーズのすりおろし＿適量

1 ピストゥの材料はすべてフードプロセッサーに入れ(**a**)、攪拌してペースト状にしておく(**b**)。

2 トマトは皮を湯むきし(p.17参照)、ヘタを取ってざく切りにする。玉ねぎ、セロリは1cm角に切り、さやいんげんは1cm幅の小口切りにする。ズッキーニは縦半分に切って薄切りにする。にんにくは包丁の腹でつぶす。

3 鍋にオリーブオイルを熱してにんにく、玉ねぎ、セロリを炒め、玉ねぎがしんなりしたら、さやいんげん、ズッキーニを加えて全体にしんなりするまで炒める。

4 トマトを加えて炒め合わせ、水¼カップを入れ、ふたをして弱火で10分ほど蒸し煮にする(**c**)。残りの水とタイムを加え、沸騰したら弱火にし野菜がやわらかくなるまで煮る。

5 **4**を煮ている間にフジッリをかためにゆで、**4**の野菜がやわらかくなったら加え(**d**)、一煮する。塩、こしょうで味を調える。

6 器にピストゥ適量をおき、**5**の熱々のスープを注ぐ(**e**)。グリエールチーズをかけて食べる。

焼きトマトとビーツのスープ

材料　作りやすい分量
トマト__2個
玉ねぎ__½個
ビーツ__2個
バター__40g
水または鶏ガラスープ(p.109参照)__3カップ
塩__小さじ⅔
牛乳__1カップ
ディル__少々

1
トマトはヘタを取ってオーブンまたは焼き網で10〜15分焼く(p.20・22参照)。表面の皮が割れて、焦げ目がつくくらいまでしっかりと焼く(a)。玉ねぎは薄切りにし、ビーツは皮をむいて5㎜厚さのいちょう切りにする。

2
鍋にバターを溶かし、玉ねぎを入れてしっとりと少し色づくまで炒め、ビーツを加えてさっと炒め(b)、水をひたひたに注ぎ入れ(1½カップほど)、ふたをして弱火で20分ほど煮る。

3
2にトマトを加えてつぶしながら全体に混ぜ、ビーツがやわらかくなるまでふたをして煮る。

4
煮汁ごとミキサーに入れ(c)、なめらかになるまで撹拌する。

5
鍋に戻し、残りの水を少しずつ加えて混ぜる。塩で味を調え、再び火にかけ、牛乳を加えて軽く温める。

6
器に注ぎ入れ、ディルを飾る。

a

c

b

甘みが凝縮した焼きトマトとビーツで作る、鮮やかな色のポタージュ

にんにくの風味が食欲をそそります。生ハムを使うのが特徴

パンとトマトと卵のスープ

材料　作りやすい分量
トマト＿２個
にんにく＿３かけ
生ハム＿50g
バケット＿50g
オリーブオイル＿大さじ４
パプリカパウダー＿小さじ１
水＿３カップ
塩＿小さじ⅓～½
白こしょう＿少々
卵＿２個

1 トマトは皮を湯むきし(p.17参照)、ヘタを取り、種を取ってざく切りにする。にんにくは薄切りにし、生ハムは小さくちぎる。バゲットは２cm角に切る。

2 鍋にオリーブオイルを熱してにんにくを炒め、香りが立ったら生ハムとバゲットを加えて炒め、パプリカパウダーを加えてなじませる。

3 **2**にトマトを加えてふたをし、弱火で10分ほど煮る。水を注ぎ入れてさらに煮、塩、こしょうで味を調える。

4 卵を落とし入れ、1分ほど煮て火を止め、ふたをして余熱で卵に火を通す。

あっさりしているのにうまみたっぷり。仕上げは黒酢で

ミニトマトとあさりの中華風スープ

材料　作りやすい分量

ミニトマト__20個
あさり(殻つき)__350g
ザーサイ__40g
ごま油__大さじ1½
しょうがのみじん切り__1かけ分
にんにくのみじん切り__1かけ分
長ねぎのみじん切り__5㎝分
水__3¼カップ
塩__小さじ½
黒酢__小さじ2
香菜のざく切り__適量
白こしょう__適量

1 あさりは塩水につけて砂出しをする。ミニトマトはヘタを取る。ザーサイは細切りにする。

2 鍋にごま油を熱してしょうが、にんにく、長ねぎ、ザーサイを炒め、香りが出たらあさりを加えて炒める。水¼カップを加えてふたをし、あさりの口が開くまで蒸し煮し、あさりをいったん取り出す。

3 2の鍋にミニトマト、水3カップを加えて5分ほど煮、あさりを戻し入れ、塩、黒酢で味を調える。

4 器に注ぎ入れ、香菜を添え、こしょうをふる。

肉詰めトマトをことこと煮た、フランス風のおそうざい

トマトのファルシ

フランス風トマトファルシ

材料　4人分

トマト＿小さめ4個

ひき肉ダネ

- 豚ひき肉＿150g
- パン粉＿大さじ2
- ハムのみじん切り＿3枚分
- 玉ねぎのみじん切り＿½個分
- にんにくのみじん切り＿1かけ分
- オリーブオイル＿大さじ1
- 塩＿小さじ⅔
- 白こしょう＿少々
- ナツメグ＿少々
- パセリのみじん切り＿大さじ1
- セルフィーユのみじん切り＿大さじ1

水＿¼カップ

パン粉＿大さじ2

オリーブオイル＿適量

パセリのみじん切り＿大さじ1

セルフィーユのみじん切り＿大さじ1

1 ひき肉ダネを作る。パン粉大さじ2は水大さじ2（分量外）でふやかす。

2 フライパンにオリーブオイル大さじ1を熱し、ハム、玉ねぎ、にんにくを炒め、半量のひき肉を加えて炒め合わせる。バッドに取り出して広げ、粗熱をとる（**a**）。

3 **2**をボウルに移し、残りのひき肉、塩、こしょう、水気を絞った**1**のパン粉、ナツメグ、パセリとセルフィーユを加えて混ぜる（**b**）。

4 トマトはヘタのついている上部を¼ほど切り取り、中身をくり抜く（**c**）。上部はふたにするので取っておく。くり抜いた中身は粗みじん切りにする。

5 **4**のトマトにひき肉ダネをたっぷりと詰め（**d**）、鍋に並べ、粗みじん切りにしたトマトと水を加え、パン粉を散らしてトマトのふたをする。鍋のふたをして15～20分弱火で煮る。

6 器に盛り、オリーブオイルを回しかけ、パセリ、セルフィーユを散らす。

トマトのドルマ（トルコ風ファルシ）

材料　6人分

トマト＿6個

ひき肉ダネ

- 牛ひき肉＿300g
- 米＿50g
- 玉ねぎのみじん切り＿¼個分
- にんにくのすりおろし＿1かけ分
- イタリアンパセリのみじん切り＿小さじ2
- ミントのみじん切り＿小さじ4
- クミンパウダー＿小さじ1
- 塩＿小さじ½
- 黒こしょう＿少々

水＿1カップ

オリーブオイル＿大さじ2

クミンパウダー＿小さじ⅓

チリパウダー＿小さじ⅓

塩＿小さじ1

ヨーグルトソース

- プレーンヨーグルト＿大さじ6
- レモンの搾り汁＿小さじ2
- 塩＿小さじ½
- オリーブオイル＿小さじ2

1
ひき肉ダネを作る。米はさっと洗って熱湯に入れ、5分ほどゆでてザルに上げる。ボウルにひき肉ダネの材料をすべて入れ(**a**)、手でよく練り混ぜる。

2
トマトはヘタを取り、上部¼〜⅓のところを切り取り、中身をくり抜く。切り取った部分とくり抜いた部分は粗みじん切りにする。

3
2のトマトにひき肉ダネをたっぷりと詰め(**b**)、鍋に並べる。粗みじん切りにしたトマトと水、オリーブオイル、クミンパウダー、チリパウダー、塩を加えて強火にかけ、沸騰したら弱火にし、ふたをして20分ほど煮る(**c**)。

4
器に盛り、ヨーグルトソースの材料を混ぜてかける。

ひき肉ダネに米を入れ、ヨーグルトソースで食べるのが特徴

えびピラフをトマトに詰めた、私のとっておきファルシ

1 ピラフを作る。米は洗ってザルに上げる。玉ねぎはみじん切りにし、ハムは5㎜四方に切る。むきえびは1㎝幅に切る。

2 鍋にバターを熱して玉ねぎを炒め、玉ねぎが透き通ったらハム、むきえびを加えて炒め、レモンの搾り汁を加えてざっと炒める。米を加えて透き通ってくるまで炒める(a)。

3 鶏ガラスープを加え、沸騰したらローリエを加えてふたをし、弱火で10分ほど炊く。火を止めて10分蒸らす(b)。

4 トマトは上部¼~⅓のところを切り取り、中身をくり抜き、ピラフをたっぷりと詰める(c)。切り取った部分とくり抜いた部分はここでは使わない。

5 耐熱容器に並べ(d)、チーズをすりおろしてかけ、200℃のオーブンで10~15分焼く。切り落とした部分とくり抜いた部分を足してもいい。仕上げにパセリをふる。

洋風ピラフのトマトファルシ

材料 5人分

トマト__5個

ピラフ

- 米__1カップ
- 玉ねぎ__½個
- ハム__3枚
- むきえび__70g
- バター__20g
- レモンの搾り汁__小さじ1
- 鶏ガラスープ(p.109参照)__1カップ
- ローリエ__1枚

エダムチーズ、パルメザンチーズ__各適量

パセリのみじん切り__大さじ1

トマトバスケットに特製ライスサラダを詰めて

材料　3人分

トマト__3個

ライスサラダ

- ご飯(粗熱を取ったもの)__茶碗1杯分
- 玉ねぎ__⅛個
- ツナ缶__小1缶
- さやいんげん__5本
- グリーンオリーブ__少々
- ハム__1枚
- ゆで卵__1個
- ドレッシング
  - アンチョビーのみじん切り__15g
  - にんにくのすりおろし__少々
  - 白ワインビネガー__大さじ1
  - オリーブオイル__大さじ3
  - 塩、白こしょう__各少々

パセリ__適量

ライスサラダのトマトファルシ

1 トマトはヘタを薄く切り、ヘタの部分を下にし、上部⅓の位置まで上から切り込みを2本入れる。続いて、包丁を横にして、先ほどの切り込みと直角になるように切り込みを入れ、切り離さないように注意して反対側からも切り込みを入れ(**a**)、バスケットの取っ手を作る。中身をくり抜いてバスケットにする(**b**・**c**)。

2 ライスサラダを作る。玉ねぎは5㎜角に切って水にさらし、水気を絞る、ツナは油をきる。さやいんげんはゆでて小口切りにし、グリーンオリーブは輪切りにする。ハムとゆで卵はみじん切りにする。

3 ボウルにご飯を入れ、**2**を加えて混ぜ、ドレッシングの材料を合わせて加え、ざっくりとあえる。

4 トマトバスケットに詰めてパセリを飾る。

トマトカップに詰めるとフレッシュ感が出て、サラダ風

まぐろユッケのトマトファルシ

材料　2人分
トマト＿2個
まぐろとアボカドのユッケ
　まぐろ赤身(刺し身)＿170g
　アボカド＿½個
　長ねぎのみじん切り＿大さじ1
　ごま油＿大さじ2
　レモンの搾り汁＿大さじ1
　しょうゆ＿小さじ1
　コチュジャン＿小さじ½
　塩＿小さじ¼
　松の実(ローストしたもの)
　　＿大さじ1

1 トマトはヘタのついている上部を¼ほど切り取り、中身をくり抜く。上部はふたにするので取っておく。くり抜いた中身は種を除いて小角切りにする。
2 まぐろとアボカドは2㎝角に切る。
3 ボウルにまぐろを入れ、1の小角切りにしたトマト、長ねぎ、ごま油、レモンの搾り汁、しょうゆ、コチュジャン、塩を加えてあえる。アボカドと松の実も加えて混ぜる。
4 1のトマトに3を詰め、トマトのふたを添える。

材料　作りやすい分量

ミニトマト＿24～27個分

A
- じゃがいも＿1個
- 牛乳＿大さじ1
- 塩、白こしょう＿各少々
- マヨネーズ＿大さじ2

B
- サワークリーム＿大さじ2
- 生クリーム＿大さじ1
- 塩、白こしょう＿各少々
- ケイパー（酢漬け）＿6粒

C
- 帆立て貝柱(刺し身用)＿50g
- オリーブオイル＿小さじ1½
- レモンの皮のすりおろし＿少々
- 塩＿少々
- バジル＿少々

ミニトマトのファルシ

1
ミニトマトは上部¼くらいのところを切り取り、そのうち⅔量は中身をきれいにくり抜き(a)、⅓量は種の部分だけを取り出す。ヘタの部分は⅓量だけ取っておく(b)。

2
A、B、Cの具を作る(c)。Aを作る。じゃがいもは皮をむいて4～6等分に切って水からゆで、やわらかくなったら湯を捨てて再び火にかけ、水気を飛ばす。ボウルに移し、牛乳、塩、こしょう、マヨネーズを加えて混ぜる。

3
Bを作る。サワークリームに生クリームを加えてのばし、塩、こしょうをふって混ぜる。

4
Cを作る。貝柱は5～6㎜角に切り、オリーブオイル、レモンの皮のすりおろし、塩を加えてさっとあえる。

5
Bを星口金をつけた絞り袋に入れ、種の部分だけを取り出したミニトマトに絞り出し(d)、ケイパーを飾る。残りのミニトマトにAとCをそれぞれ詰め、Aにはミニトマトのふたをのせ、Cにはバジルを飾る。

なにを詰めるかはアイディア次第。ミニサイズだから楽しい

ミニトマトがソース代わり。ローズマリーの香りとともに

オーブンを使って

ラムとトマトのオーブン焼き

材料　作りやすい分量
ラムチョップ＿8本
にんにく＿2かけ
ローズマリー＿2〜3枝
オリーブオイル＿大さじ3
ミニトマト（赤、緑、紫、黄など）＿20〜25個
塩、黒こしょう＿各適量

1 ラムチョップはバットに並べ入れ、塩、こしょうをしっかりめにし、にんにくを薄切りにしてのせる。ローズマリー1枝をちぎってのせ、オリーブオイル大さじ2をかけ（a）、30分以上マリネする。

2 フライパンにオリーブオイル大さじ1を熱し、**1**をにんにくやローズマリーと一緒に入れ、強火で両面焼き（b）、取り出す。

3 耐熱容器にミニトマトのヘタを取って敷き詰め、軽く塩をふり、**2**のラムチョップをのせる。にんにくを上にのせるようにし、新たにローズマリー2枝をちぎってのせ（c）、200℃のオーブンで10分ほど焼く。

いわしとじゃがいも、トマトの重ね焼き

材料　作りやすい分量

いわし(手開きにしたもの)＿6～7尾
じゃがいも＿3個
トマト＿2～3個
オリーブオイル＿適量
塩、白こしょう＿各適量
タイム＿5～6本
パン粉＿大さじ4～5
バターソース
- にんにくのみじん切り＿1かけ分
- エシャロットのみじん切り＿1個分
- バター＿80g
- ケイパー(酢漬け)＿大さじ1
- レモンの搾り汁＿大さじ1

b

a

c

1 じゃがいもは皮をむいて5㎜厚さの輪切りにする。いわしは塩、こしょうをふる。

2 フライパンにオリーブオイル大さじ2～3を熱し、じゃがいもを並べ入れ、ときどき返しながら両面こんがり色づいてやわらかくなるまで焼く。塩、こしょうをして取り出す。

3 **2**のフライパンにオリーブオイル大さじ1を足し、いわしを皮目を下にして強火で焼きはじめ、カリッとしたら裏返し(**a**)、両面焼く。

4 耐熱容器にじゃがいも、いわしの順に重ねて入れ、半量のタイムをのせる。トマトはヘタを取って厚めの輪切りにし(**b**)、いわしの上にのせ、パン粉をかける。

5 バターソースを作る。フライパンにバターを入れて火にかけ、にんにく、エシャロットを加えて炒め、ケイパー、レモンの搾り汁を加えてバターが薄く色づくまで熱する。

6 **5**を**4**の上にかけ(**c**)、残りのタイムをのせ、180℃のオーブンで15分ほど焼く。

カリカリパン粉とバターの香り。キーンと冷えた白ワインを片手に

手作りのブリゼ生地と野菜二つで作ると、軽い食べ心地

材料　18㎝のタルト型1台分

トマト__1個
玉ねぎ__1個
オリーブオイル__適量
塩、黒こしょう__各適量
バルサミコ酢__適量
ブリゼ生地
- バター__50g
- 薄力粉__100g
- グラニュー糖__5g
- 塩__2g
- 卵黄__½個分
- 冷水__大さじ2

アパレイユ
- 卵__1個
- 卵黄__1個分
- 塩__小さじ½
- ナツメグ__小さじ⅓
- 生クリーム__½カップ
- 牛乳__大さじ2
- グリエールチーズのすりおろし__60g

トマトと玉ねぎのキッシュ

1 ブリゼ生地を作る。バターは小さく切って冷やしておく。フードプロセッサーに薄力粉、グラニュー糖、塩を入れて攪拌し、バターを加えてそぼろ状になるまで攪拌する。卵黄と冷水を合わせたものを少しずつ加えて攪拌し、生地が一つにまとまったらすぐに取り出して一まとめにし、ラップに包んで2時間以上冷蔵庫で寝かせる。

2 タルト型にバター少々(分量外)をぬり、1を打ち粉(分量外)をした台にのせてめん棒で丸くのばして敷き込む。側面を指で押さえて内側に生地を寄せながら型になじませ(a)、縁から1㎝くらい上までくるようにする。余分な生地を落とす。オーブンシートを敷いて重しをのせ、180℃のオーブンで20～30分、から焼きする。

3 アパレイユを作る。ボウルに卵と卵黄を入れて溶きほぐし、他の材料をすべて加えて混ぜる。

4 トマトはヘタを取って1㎝厚さの輪切りにし、玉ねぎも同様に切る。

5 フライパンにオリーブオイル大さじ1を熱し、玉ねぎを両面強火で焼きつけ、塩小さじ½、こしょう少々をふり、弱火でじっくりと火を通す。バルサミコ酢大さじ1を加えて煮つめ、取り出す。

6 5のフライパンにオリーブオイル少々を足し、トマトを両面強火でさっと焼き、塩、こしょう各少々をふり(b)、バルサミコ酢少々をからめる。

7 から焼きしたブリゼにトマトと玉ねぎを交互に並べ入れ、アパレイユを流し(c)、200℃のオーブンで20分ほど焼く。

a

b

c

それぞれのうまみをからめたいから、中華鍋であおって仕上げます

中華鍋を使って

豚肉とトマトのしょうが焼き

材料　2人分
トマト＿2個
豚ロース薄切り肉＿250g
豚肉の下味
- 酒＿大さじ2
- しょうゆ＿大さじ2
- みりん＿大さじ2
- しょうがのすりおろし＿1かけ分

らっきょうの甘酢漬け＿8～10粒
サラダ油＿大さじ2
ごま油＿少々
みょうがの小口切り＿1本分

1 豚肉はバットに入れ、下味の材料を加えて10分ほどつける(a)。

2 トマトはヘタを取り、食べやすい大きさのくし形に切る。らっきょうは縦半分に切る。

3 中華鍋にサラダ油を熱し、つけ汁をきった豚肉を入れ、強火で炒める。つけ汁は取っておく。

4 豚肉の色が変わったら、らっきょうを加えてさっと炒め、取っておいたつけ汁を入れ、トマトを加えて炒め合わせる(b)。仕上げに香りづけにごま油を回しかける。

5 器に盛り、みょうがをのせる。

やりいか、ミニトマト、そら豆炒め

材料　2人分
ミニトマト＿15個
やりいか＿2〜3匹
そら豆＿正味70g
にんにく＿1かけ
サラダ油＿大さじ2
ナンプラー＿小さじ2
レモンの搾り汁＿大さじ1
塩＿少々
バジル＿10枚

1 ミニトマトはヘタを取る。いかは胴から足を抜き、内臓を取り除き、胴は2㎝幅に切り、足は2〜3本ずつに切り分ける。そら豆は塩ゆでして薄皮をむいたものを70g用意する。にんにくは薄切りにする。

2 中華鍋にサラダ油大さじ1とにんにくを入れ、弱火でこんがりとにんにくが色づくまで炒める。やりいかを加え、強火でさっと炒め(**a**)、塩を軽くして取り出す。

3 **2**の中華鍋にサラダ油大さじ1を足し、ミニトマトを入れて強火で炒め(**b**)、いかを戻し入れ、そら豆を加えて炒め合わせる(**c**)。

4 ナンプラー、レモンの搾り汁、バジルを加え(**d**)、ざっと混ぜ、塩で味を調える。

春から初夏に必ず作りたくなる、大好きな取り合わせ

トマトのおいしさがダイレクトに楽しめる、シンプルな炒めもの

トマトと卵炒め

材料　2人分
卵＿4個
トマト＿4個
サラダ油＿大さじ3
塩＿小さじ¼
砂糖＿二つまみ

1 卵はボウルに溶きほぐす。トマトは皮を湯むきし(p.17参照)、ヘタを取ってくし形に切る。

2 中華鍋にサラダ油大さじ2を熱して卵を流し入れ、まわりがかたまってきたらゆっくりと大きく混ぜ、全体に半熟程度に火が通ったら、いったん取り出す。

3 **2**の中華鍋にサラダ油大さじ1を足し、トマトを入れて、形をくずさないように大きく混ぜながら炒める。

4 トマトから水分が出てきたら、塩、砂糖を加えて卵を戻し入れ、ざっと炒め合わせる。

クミンとカレー粉、しょうゆの組み合わせが最高

ミディトマトとひき肉炒め

材料　2人分
ミディトマト＿8個
牛ひき肉＿200g
紫玉ねぎ＿½個
にんにく＿1かけ
オリーブオイル＿大さじ3
クミンシード＿小さじ½
カレー粉＿小さじ1
塩、黒こしょう＿各少々
しょうゆ＿適量
ミント＿少々

1 ミディトマトはヘタを取る。紫玉ねぎは2㎝幅のくし形切りにし、さらに横半分に切る。にんにくはみじん切りにする。

2 中華鍋にオリーブオイル大さじ1を熱し、ミディトマトを入れて表面をざっと炒めて取り出す。

3 **2**の中華鍋にオリーブオイル大さじ2を足し、にんにく、クミンシードをじっくりと炒めて香りを出し、紫玉ねぎを加えて炒める。

4 ひき肉を加えてポロポロになるまでよく炒め、カレー粉を入れてなじませ、塩、こしょうをし、しょうゆで味を調える。仕上げにミントを加えてざっと混ぜる。

5 器にミディトマトを盛り、**4**をのせる。

脇役のようでありながら、トマトがないと、このおいしさにならない

フライパンを使って

インド風トマトカレー

材料　作りやすい分量
えび(無頭、殻つき)__200g
トマト__2個
玉ねぎ__1個
青唐辛子__2～3本
にんにく__1かけ
しょうが__1かけ
マスタードオイルまたはサラダ油__大さじ2
パウダースパイス
　コリアンダー__小さじ2
　ターメリック__小さじ½
　カイエンヌペッパー__適量
ココナッツミルク__1カップ
水__1カップ
サラダ油__少々
テンパリング用マスタードオイル
　またはサラダ油__大さじ4～5
マスタードシード(ブラウン)__大さじ1
カレーリーフ(ドライ)__10枚
赤唐辛子__2～3本
レモンの搾り汁__小さじ1
塩__適量

1 えびは背ワタと殻を取る。玉ねぎ、トマトはヘタを取ってざく切りにし、青唐辛子は斜め切りにする。にんにく、しょうがはみじん切りにする。

2 フライパンにマスタードオイルを熱してにんにく、しょうがを炒め、玉ねぎ、青唐辛子を加え、玉ねぎが少し色づくまで炒める。

3 トマトを加えてつぶしながら炒め(**a**)、水分が出てきたら、パウダースパイスを加えて混ぜ、ココナッツミルクと水を加えて煮る(**b**)。

4 **3**を煮ている間に、別のフライパンにサラダ油を熱してえびをざっと炒め、軽く塩をして**3**に加え、3～4分煮る。

5 **4**を煮ている間に、小鍋にテンパリング用マスタードオイルを熱し、マスタードシードを加える。パチパチと弾けてきたらカレーリーフ、赤唐辛子を加え、赤唐辛子がうっすら色づいたら、熱々のところを**4**のフライパンに加える(**c**)。レモンの搾り汁を加え、塩で味を調える。

6 バスマティライスまたはご飯(分量外)とともに器に盛る。

骨つき肉で作るとおいしさ倍増。スペインの煮込み料理

鍋を使って

鶏肉のチリンドロン

1 鶏肉は塩、こしょう各少々をふり、薄力粉を薄くまぶす。生ハムは小さめのざく切りにする(**a**)。トマトは皮を湯むきし(p.17参照)、ヘタを取ってざく切りにする。にんにく、玉ねぎはみじん切りにし、ピーマンは細切りにする。

2 フライパンにオリーブオイル大さじ2を熱して鶏肉を入れ、表面がこんがりするまで強火で焼きつける(**b**)。

3 鍋にオリーブオイル大さじ2を熱し、にんにく、玉ねぎをしんなりするまで炒め、生ハムとパプリカパウダーを加えてさらに炒める。トマトを加えて強火にし(**c**)、トマトをつぶして水分を飛ばしながら炒める。

4 **2**の鶏肉を加え、ピーマン、オリーブ、水、シェリービネガーを加え、塩で味を調え、ふたをして弱火でさらに10分ほど煮る。

材料　3～4人分
鶏骨つきぶつ切り肉＿700g
薄力粉＿適量
生ハム＿30g
トマト＿小3個
にんにく＿1かけ
玉ねぎ＿½個
ピーマン＿3個
オリーブオイル＿大さじ4
パプリカパウダー＿小さじ½
オリーブ(グリーン、黒)＿合わせて20粒
水＿1カップ
塩、白こしょう＿各少々
シェリービネガー＿小さじ1

材料　4人分

ポルペッティ
- 合いびき肉__500g
- じゃがいも__1個
- パン(バケット、チャパティなど)__30g
- 牛乳__適量
- 卵__1個
- パルメザンチーズのすりおろし__大さじ3
- 塩__小さじ2/3

オリーブオイル__大さじ6
にんにく__1かけ
紫玉ねぎ__1個
トマト__小3個
塩__小さじ1
砂糖__一つまみ
赤ワインビネガー__小さじ2
パルメザンチーズのすりおろし__適量
イタリアンパセリのみじん切り__少々

ポルペッティのトマト煮込み

1 ポルペッティを作る。じゃがいもは皮ごと水からゆで、皮をむいてつぶす。パンは小さくちぎってひたひたの牛乳に浸し、やわらかくなったら水気を絞る。

2 ボウルにポルペッティの材料をすべて入れ(a)、練り混ぜる。直径3〜4cmに丸める。

3 フライパンにオリーブオイル大さじ3を熱し、**2**を入れ、転がしながら表面においしそうな焼き色がつくまで焼き(b)、取り出して油をきる。

4 にんにくはみじん切りにし、紫玉ねぎは繊維に添って薄切りにする。トマトは皮を湯むきし(p.17参照)、ヘタを取り、横半分に切って種を除き、くし形に切る。

5 鍋にオリーブオイル大さじ3を熱し、にんにく、紫玉ねぎを入れてしっとりとするまで炒める。トマトを加え、ふたをして弱火で10分ほど蒸し煮する。

6 ざっと全体を混ぜ、塩、砂糖、ワインビネガーを加えて1〜2分煮立て、**3**のポルペッティを加え(c)、ポルペッティに火が通るまで、5〜7分弱火で煮る。

7 器に盛り、パルメザンチーズとイタリアンパセリをふる。

ポルペッティはイタリア語で肉団子の意。家庭的な味わいです

玉ねぎとトマトのうまみが、奥行きのあるおいしさを作ります

トマトハヤシ

材料　作りやすい分量
牛薄切り肉または切り落とし＿300g
トマト＿2個
ミニトマト＿15～20個
玉ねぎ＿2½個
バター＿30g
トマトケチャップ(p.126参照)＿大さじ1
白ワインビネガー＿大さじ1½
水＿1½カップ
オリーブオイル＿大さじ1
塩＿適量

1
トマトは皮を湯むきし(p.17参照)、ヘタを取り、種を除いてざく切りにする。ミニトマトはヘタを取る。玉ねぎ2個は薄切りにし、½個は1cm幅に切る。

2
鍋にバター20gを溶かして玉ねぎの薄切りを入れ、濃い茶色になってしっとりとするまで、20～30分じっくりと炒める(**a**)。いったん火を止める。

3
フライパンを熱してバター10gを入れ、牛肉を入れて強火で炒め、軽く塩をふる。

4
3の牛肉を**2**の鍋に入れて再び火にかけ、トマトを加え(**b**)、トマトケチャップ、ワインビネガー、水を入れ、汁気が少なくなるまで、ふたをして弱火で1時間ほど煮る。

5
ミニトマトをオリーブオイルを熱したフライパンでざっと炒め、塩少々をふる(**c**)。**4**の鍋に加える(**d**)。続いて**1**の1cm幅に切った玉ねぎをざっと炒め、**4**の鍋に加え、さっと煮る。

6
ご飯(分量外)とともに器に盛る。

蒸し器を使って

器ごと蒸してそのまま食卓へ。ご飯にのせてもおいしい

かに、ひき肉、トマトの中華蒸し

材料　2人分

豚ひき肉＿200g
かに（むき身）＿正味100g
トマト＿1個
長ねぎ＿6㎝
しょうが＿1かけ
酒＿大さじ1
しょうゆ＿小さじ2
塩＿少々
ごま油＿小さじ2
片栗粉＿小さじ2
香菜＿適量

1 かにはほぐす。トマトはヘタを取り、横半分に切って種を取り（**a**）、1㎝角に切る（**b**）。長ねぎ、しょうがはみじん切りにする。

2 ボウルに豚ひき肉を入れ、酒、しょうゆ、塩、ごま油を加えて手で練り混ぜる。**1**を加えて混ぜ（**c**）、片栗粉を加えて混ぜる。

3 少し立ち上がりのある器に**2**を平らに広げ（**d**）、蒸し器に入れ、蒸気の立った状態で8～10分蒸す。

4 香菜をざく切りにして添える。

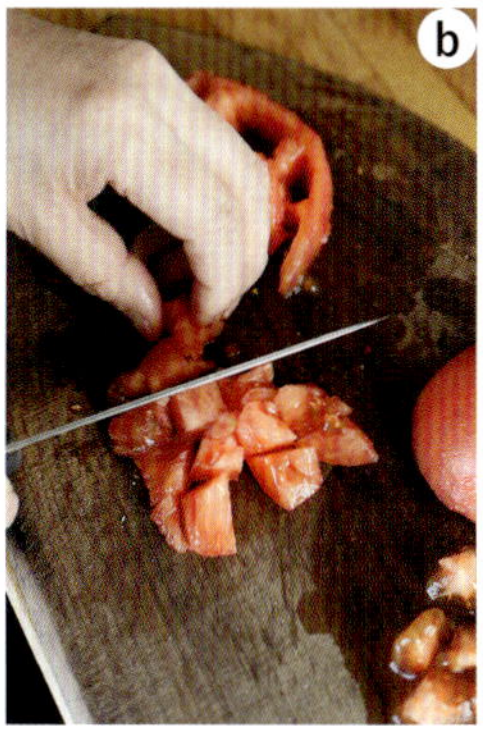

素材のおいしさを逃さず食べられるのが、蒸し料理の醍醐味

たらとトマトのサフラン蒸し

材料　2人分
生たら＿2～3切れ
塩、白こしょう＿各適量
トマト＿2個
ポワロー＿⅓本
サフラン＿ひとつまみ
オリーブオイル＿大さじ4
セルフィーユ＿適量

1 たらは塩、こしょうをふる。トマトは皮を湯むきし(p.17参照)、ヘタを取って横半分に切る。ポワローは薄い小口切りにする。

2 サフランはオリーブオイル大さじ2、ポワローと合わせて混ぜる。

3 深みのある器にトマトを並べて塩をふり、たらを並べてのせ、2をのせてさらに塩をふる。残りのオリーブオイルを回しかける。

4 蒸し器に入れ、蒸気の立った状態で8～10分蒸す。仕上げにセルフィーユをたっぷりとのせる。

フルーツトマトが丸ごと入った、やさしい味わいが魅力

トマトの茶碗蒸し

材料　4人分
フルーツトマト__4個
卵__2個
だし汁__1½カップ
塩__小さじ½
薄口しょうゆ__小さじ1
あん
- だし汁__1カップ
- 塩__小さじ⅓
- みりん__小さじ2
- 薄口しょうゆ__少々
- 水溶き片栗粉__少々
- しょうがの絞り汁__少々

1　フルーツトマトは皮を湯むきし（p.17参照）、ヘタを取る。

2　卵はボウルに入れ、卵白を切るようにほぐし、だし汁、塩、薄口しょうゆを加えて混ぜる。目の細かい漉し器で漉す。

3　深めの器4個にそれぞれトマトを入れ、**2**の卵液を静かに流し入れる。蒸し器に入れ、弱火で15〜20分蒸す。竹串を刺してみて、澄んだ汁が出てくれば蒸し上がり。

4　あんを作る。鍋にだし汁を入れて温め、塩、みりん、薄口しょうゆで味を調え、水溶き片栗粉でとろみをつけ、しょうがの絞り汁を加える。**3**にかける。

この取り合わせが絶妙。レモンをキュッと搾っていただきます

トマトのピラフ

材料　作りやすい分量
米__２合
ミニトマト__10個
ゆでだこ(足)__150g
にんにく__１かけ
玉ねぎ__¼個
セロリ__１本
セロリの葉__１本分
オリーブオイル__大さじ３
塩、白こしょう__各適量
白ワイン__¼カップ
レモン搾り汁__小さじ１
鶏ガラスープ(p.109参照)__360mℓ
レモンの皮、レモン__各適量

たことセロリ、ミニトマトのピラフ

1　米は洗ってザルに上げ、水気をきる(a)。ミニトマトはヘタを取り、たこは1cm長さに切る。にんにく、玉ねぎはみじん切りにする。セロリは小口切りにし、セロリの葉はみじん切りにする。

2　鍋にオリーブオイル大さじ2、にんにくを入れて火にかけ、香りが出たら、玉ねぎ、セロリを加えて炒める。しんなりしたらたこを加え(b)、ざっと炒め合わせ、塩、こしょうをふる。

3　2に白ワインを加えて強火でアルコール分を飛ばし、レモンの搾り汁を加え、米を入れて表面が透明になるまで炒める。

4　鶏ガラスープを注ぎ入れ、ミニトマトを散らすように入れ、オリーブオイル大さじ1を回し入れる(c)。

5　ふたをして強火にかけ、沸騰したら弱火にして10分ほど炊き、火を止めて10分蒸らす。さっくりと混ぜる。

6　器に盛り、セロリの葉とレモンの皮のすりおろしをふり、好みでレモンを添える。

トマトとチキンのピラフ

材料　作りやすい分量
米＿2合
鶏もも肉、胸肉＿合わせて300g
玉ねぎ＿½個
マッシュルーム＿5個
トマト＿2個
バター＿30g
塩、白こしょう＿各少々
チキンピラフ用トマトスープ
　トマト＿2個
　バター＿20g
　トマトケチャップ
　　(p.126参照)＿大さじ2
　鶏ガラスープ＿1カップ
　塩＿小さじ½
パセリのみじん切り＿適量
ミニトマト＿適量

1 米は洗ってザルに上げ、水気をきる。鶏肉は1.5㎝角くらいに切り、玉ねぎはみじん切り、マッシュルームは石づきを取って5㎜厚さに切る。

2 トマトは皮を湯むきし(p.17参照)、ヘタと種を取ってざく切りにする。トマトスープで使うトマトも同様にする。

3 トマトスープを作る。鍋にバターを熱し、2のトマトを入れて水分を飛ばすように炒め(a)、水分が飛んできたらトマトケチャップを加えてトマトをつぶしながらさらに炒める。鶏ガラスープを少しずつ加えて混ぜ、煮立ったら火を止めて塩をふる。計量してみて全部で360㎖にする。もし足りなければ鶏ガラスープ(分量外)を足す。

4 別の鍋にバター30gを熱して玉ねぎをしんなりするまで炒め、マッシュルームを加えて軽く塩をし、鶏肉を入れて色が変わるまで炒める。米を加えてうっすらと透明になるまで炒め(b)、2のトマトを加えてざっと炒め、塩、こしょうをふる。

5 トマトスープを加えてざっと混ぜ、ふたをして強火にかける。沸騰したら弱火にして10分ほど炊き(c)、火を止めて10分蒸らす。さっくりと混ぜる。

6 器に盛り、パセリをふり、飾り切りをしたミニトマトを添える。

a

b

c

特製トマトスープを使ったチキンピラフ。卵で包めばオムライス

トマトをポンと入れるだけなのに、予想以上のおいしさ

丸ごとトマトの和風ピラフ

材料　作りやすい分量
トマト＿1個
米＿2合
だし汁＿380mℓ
酒＿大さじ1
塩＿小さじ1
薄口しょうゆ＿少々

1 米は洗ってザルに上げる。トマトはヘタを取る。

2 鍋に米を入れ、だし汁、酒、塩、薄口しょうゆを加え、全体に混ぜる。表面をならし、真ん中にトマトをおく。

3 ふたをして強火にかけ、沸騰したら弱火にして12～15分炊く。火を止めて10分蒸らし、トマトをくずしながらざっくりと混ぜる。

丸ごとトマトの和風ピラフをおむすびにしても

炊き上がったピラフにしらす干し90gを加え(a)、トマトをくずしながらざっくりと混ぜる(b)。手水に梅酢を使っておむすびにし、青じそを巻く。

フレッシュトマトソースとミニトマトで、トマト好きのための一皿

トマトのパスタ

ダブルトマトのスパゲッティ

材料　2人分

スパゲッティ(1.9㎜)＿200g

フレッシュトマトソース　作りやすい分量

- トマト＿5個
- オリーブオイル＿大さじ4
- 塩＿小さじ1

ミニトマト＿18〜20個

にんにく＿1かけ

オリーブオイル＿大さじ2

ゆで汁＿80mℓ

塩＿適量

1 フレッシュトマトソースを作る。トマトは皮を湯むきし(p.17参照)、ヘタを取ってざく切りにする。鍋に入れて強めの中火にかけ、15分ほど煮つめ、仕上げにオリーブオイルを加え、塩で味を調える(**a**)。

2 ミニトマトはヘタをとる。にんにくは細かいみじん切りにする。

3 スパゲッティは塩適量(分量外)を加えた熱湯に入れ、ゆではじめる。表示時間より2分ほど短くゆでる。

4 フライパンにオリーブオイルとにんにくを入れて火にかけ、ゆっくりと炒める。にんにくが色づいてカリッとしてきたら、**1**のフレッシュトマトソース1カップを加えて強火で煮立て、**3**のゆで汁40mℓを加えてなじませ、ミニトマトを入れる(**b**)。

5 ミニトマトが少しくずれてきたら、味と煮つまり具合をみて、**3**のゆで汁と塩で味を調える。

6 スパゲッティのゆで汁をきって**5**に加え(**c**)、あおりながら1分ほど煮立て、ソースをからめる。

色は真っ赤ではないけれど、一口頬張るとトマト感！

手作りケチャップのナポリタン

材料　2人分

スパゲッティ(1.9㎜)＿200g
玉ねぎ＿½個
ピーマン＿1個
マッシュルーム＿4個
ミニトマト＿8個
ベーコン(ブロック)＿70g
サラダ油＿大さじ4
トマトケチャップ(p.126参照)＿大さじ5
バター＿大さじ3
塩＿小さじ⅔
白こしょう＿少々
パルメザンチーズのすりおろし＿適量
タバスコ(好みで)＿適量

1 玉ねぎはくし形に切り、ピーマンは細切り、マッシュルームは石づきを取って薄切りにする。ミニトマトはヘタを取って半分に切る。ベーコンは細切りにする。

2 スパゲッティは塩適量(分量外)を加えた熱湯に入れ、表示時間通りにゆでる。

3 フライパンにサラダ油を熱してベーコンを炒め、玉ねぎ、ピーマン、マッシュルームを加えて炒め、少ししんなりとしたらミニトマトを加える。ミニトマトから水分が出てきたら、トマトケチャップを加えて炒め合わせ、**2**のゆで汁40㎖を加えてなじませる。

4 スパゲッティのゆで汁をきって**3**に加え、バターを入れ、塩、こしょうで味を調える。

5 器に盛り、パルメザンチーズをふり、タバスコを添える。

濃厚なトマトのうまみとオリーブオイルの香りが身上

セミドライトマトの冷製パスタ

材料　2人分
カッペリーニ＿80g
セミドライトマトのオイル漬け(p.127参照)＿60g
バルサミコ酢(白)＿小さじ2
塩＿小さじ½
オリーブオイル＿大さじ2〜3
イタリアンパセリのみじん切り＿½パック
レモンの皮の細切り＿少々

1 セミドライトマトのオイル漬けはみじん切りにしてボウルに入れ、バルサミコ酢、塩、オリーブオイルを加えて混ぜる。

2 カッペリーニは塩適量(分量外)を加えた熱湯に入れ、表示通りにゆで、氷水に取ってしめ、水気をしっかりと絞るようにきる。

3 **2**を**1**のボウルに加えてあえ、イタリアンパセリ、レモンの皮を加えて混ぜる。

4 器に盛り、仕上げにオリーブオイル適量(分量外)をかける。

材料　4人分
リガトーニ＿150g
かにトマトクリーム
- かに(むき身)＿正味200g
- トマト＿小2個
- 玉ねぎ＿¼個
- にんにく＿1かけ
- バター＿30g
- 白ワイン＿大さじ2
- 塩＿適量
- 白こしょう＿少々
- レモンの搾り汁＿小さじ1
- 生クリーム＿300mℓ

ブールマニエ
- バター＿20g
- 小麦粉＿大さじ1

ほうれん草＿½束
パルメザンチーズのすりおろし＿大さじ1
エダムチーズのすりおろし＿50g

かにトマトクリームのマカロニグラタン

1 かにトマトクリームを作る。トマトは皮を湯むきし(p.17参照)、ヘタを取ってざく切りにする。玉ねぎとにんにくはみじん切りにする。

2 フライパンにバターを熱して玉ねぎとにんにくを炒め、玉ねぎが透き通ってきたら、かにをざっとほぐして加え、白ワインをふって強火で煮つめる。塩小さじ½、こしょう、レモンの搾り汁を加え、トマトを加えてつぶしながら混ぜる(**a**)。

3 生クリームを加え(**b**)、とろみが出てくるまで強火で3分ほど煮つめ、塩で味を調える。

4 リガトーニは塩適量(分量外)を加えた熱湯に入れ、表示通りにゆでる。

5 ブールマニエを作る。バターを室温に戻してやわらかくし、小麦粉を加えて混ぜる。

6 ほうれん草は塩少々(分量外)を加えた熱湯でやわらかめにゆで、水気を絞ってざく切りにする。

7 リガトーニのゆで汁をきって**3**のかにトマトクリームに加えてあえ、ブールマニエを入れてとろみをつける(**c**)。

8 耐熱皿にほうれん草を敷いて**7**を入れ(**d**)、パルメザンチーズとエダムチーズをかけ、200℃のオーブンで15分ほど焼く。

リッチテイストの傑作グラタン。リガトーニがよく合います

トマトは皮をむいて種を除く。これだけでおいしさが違ってきます

トマトの麺

材料　3～4人分
トマト＿小3個
キャベツ＿2～3枚
しいたけ＿2枚
しょうが＿小1かけ
豚バラ薄切り肉＿100g
ごま油＿大さじ2
鶏ガラスープ＿5カップ
塩＿小さじ2
しょうゆ＿少々
中華麺(かんすいなしのもの。
　または稲庭うどんや半田麺)＿3玉
白こしょう＿適量

トマト湯麺

1　トマトは皮を湯むきし(p.17参照)、ヘタを取って4つ割りにし、種を除く(a)。キャベツは大きめにちぎり、しいたけは石づきを取って薄切りにする。しょうがはみじん切りにする。豚肉は2～3cm幅に切る。

2　中華鍋にごま油を熱してしょうがを炒め、豚バラ肉を加えて炒め、キャベツ、しいたけを加えてざっと炒める。

3　鶏ガラスープを注ぎ入れ(b)、沸騰したら弱火にして塩、しょうゆで味を調える。トマトを加え、少しくずれるくらいまで煮る。

4　中華麺はたっぷりの熱湯でゆで、ゆで汁をきって器に入れる。3を加え、仕上げにこしょうをふる。

鶏ガラスープ　作りやすい分量

1　鶏ガラ(大きめ)2羽分は洗って鍋に入れ、たっぷりの水を加えて火にかけ、沸騰してアクが出てきたらゆでこぼす。

2　鶏ガラをさっと洗って鍋に戻し、パセリの軸とセロリの葉適量をタコ糸で縛って入れ、水2.5ℓを加えて火にかける。沸騰したらアクを取り除き、弱火でゆらゆらと水面がゆれるくらいの火加減で1時間半～2時間、⅔量くらいになるまで煮る。

3　さらしなどで漉し、塩少々を加える。冷めてから保存容器に入れて冷蔵庫で保存。2～3日保存可。

トマトサルサのじゃじゃ麺

材料　4人分
合いびき肉＿200g
しょうが＿1かけ
にんにく＿1かけ
長ねぎ＿¼本
セロリ＿½本
なす＿1本
しいたけ＿2枚
サラダ油＿大さじ1
合わせ調味料
　酒＿大さじ1
　しょうゆ＿大さじ1
　みそ＿大さじ2
　砂糖＿小さじ2
　水＿½カップ
うどん（細め。乾麺）＿250g

サルサ　作りやすい分量
　トマト＿2個
　玉ねぎ＿½個
　ピーマン＿1個
　にんにく＿小1かけ
　ハラペーニョ（酢漬け）
　　またはタバスコ＿適量
　ライムの搾り汁＿½〜1個分
　オリーブオイル＿大さじ3
　塩＿小さじ1

1
サルサを作る。トマトは5〜6㎜角に切り、にんにく、玉ねぎ、ピーマン、ハラペーニョはみじん切りにする。ボウルに合わせ、ライムの搾り汁、オリーブオイル、塩を加えて混ぜる（a）。

2
しょうが、にんにく、長ねぎはみじん切りにする。セロリ、なすは3〜4㎜角に切り、しいたけは石づきを取って3〜4㎜角に切る。

3
フライパンにサラダ油を熱してしょうが、にんにくを炒め、香りが出てきたら長ねぎを加えて炒め、セロリ、なす、しいたけを加えて炒め合わせる（b）。

4
全体にしんなりしてきたら合いびき肉を加えてさらに炒め、合わせ調味料の材料を混ぜ合わせて加え（c）、強火で3〜4分煮つめる。

5
うどんはたっぷりの熱湯でゆで、ゆで汁をきって器に盛る。4をのせ、サルサをかける。

a

b

c

甘めの肉みそでいただく盛岡の味に、自家製サルサをのせて

トマトはごく薄切りがポイント。辛子バター、にんにくマヨが肝心

トマトのパン

材料　2人分
食パン(10枚切り)＿4枚
トマト＿1個
ホワイトアスパラガス(缶詰)＿4本
辛子バター
バター＿40g
マスタード(コールマンズ*)＿小さじ2
にんにくマヨネーズ
にんにくのすりおろし＿少々
マヨネーズ＿大さじ4
塩、レモンの搾り汁＿各少々
パセリ＿適量

*イギリスの代表的マスタード(日本でも購入可)。鼻に抜けるツンとした辛みとコクが特徴で、代用するなら和辛子がよいが、コールマンズより辛味が強いので、量は減らす。

a

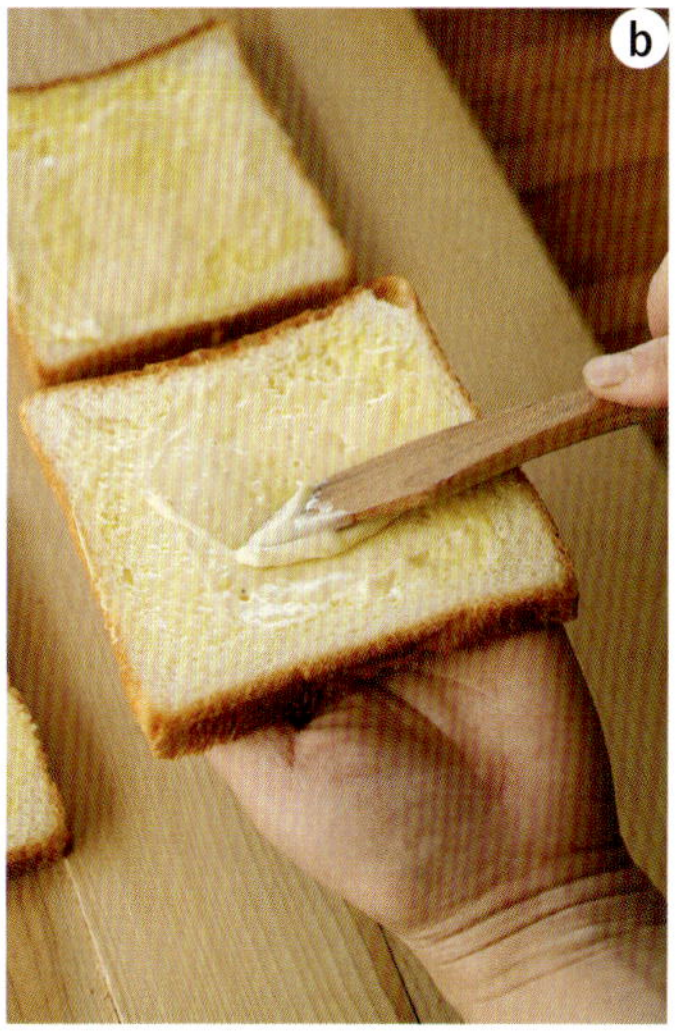
b

c

d

トマトとホワイトアスパラのサンドイッチ

1 トマトはヘタをとって縦半分に切り、横にごく薄切りにする(a)。アスパラガスはペーパータオルで水気をしっかりと拭き取り、長さをパンに合わせて切り、縦半割りにする。

2 辛子バターの材料、にんにくマヨネーズの材料はそれぞれ混ぜる。

3 パンの片面に辛子バターを薄くぬり、その上ににんにくマヨネーズをぬる(b)。そのうち2枚にアスパラガスを並べて軽く塩をふり、その上にトマトを少しずつずらして並べ(c)、軽く塩、レモンの搾り汁をふる。もう1枚のパンでサンドし、手で軽く押さえて落ち着かせる。

4 耳を切り落とし、パンをやさしく押さえて3等分に切り分ける(d)。パセリを添える。

焼きさば、トマト、玉ねぎをサンドしたトルコ風

さばサンド

材料　2人分
フランスパン（やわらかめのもの）＿½本
さば（切り身）＿2切れ
塩＿適量
にんにくの薄切り＿1かけ分
オリーブオイル＿適量
トマト＿1個
紫玉ねぎ＿½個
レモン、ミント＿各適量

1　さばは骨があれば抜き取り、塩少々をふる。フライパンにオリーブオイルとにんにくを入れて火にかけ、にんにくが色づいたらさばを並べ入れ、両面こんがりと焼いて中まで火を通す。

2　トマトはヘタを取って5㎜厚さに切る。紫玉ねぎは薄切りにして水にさらし、水気をきる。

3　パンは半分に切り、オーブントースターで軽く温め、横に切り目を入れてオリーブオイルをぬる。

4　3にトマト、さば、紫玉ねぎの順にのせ、塩少々をふってはさむ。レモンとミントを添える。

スペイン語でパンとトマトの意。カタルーニャ地方の庶民食

パンコントマテ

材料　2～3人分
チャパティ＿2個
ミディトマト＿2個
にんにく＿適量
オリーブオイル＿適量

1　パンは半分の厚さに切り、にんにくの切り口をこすりつけてオリーブオイルをぬり、オーブントースターで焼く。

2　ミディトマトを半分に切り、パンにこすりつけて食べる。

トマトの手作りピッツァ

→作り方は 118 ページ

ピザドゥの作り方を徹底マスター。トマトを楽しむとっておき

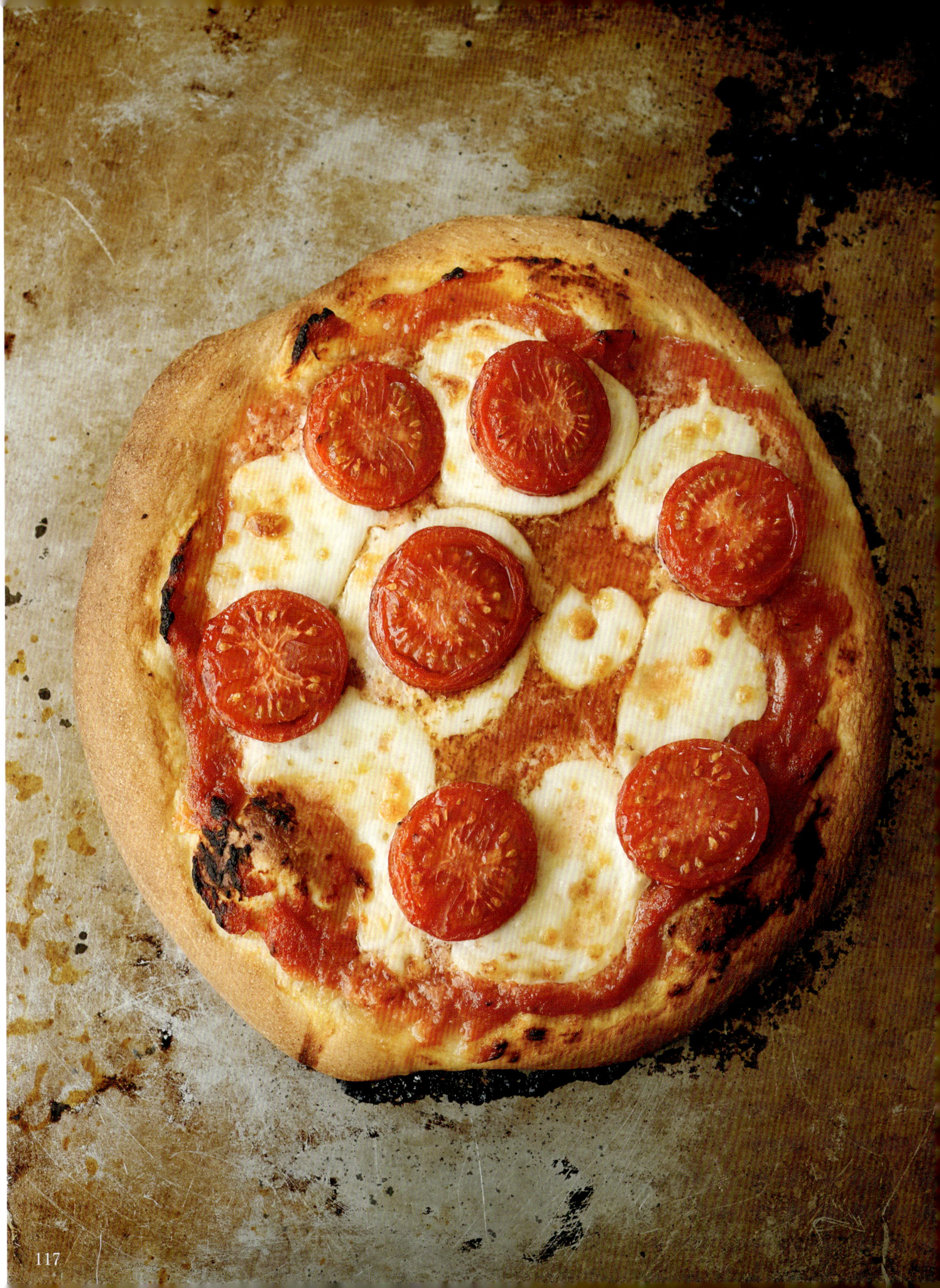

トマトの手作りピッツァ

材料　2枚分

ピザドゥ

- 強力粉＿250g
- 薄力粉＿50g
- ドライイースト＿4g
- ドライイースト用
  - 砂糖＿少々
  - ぬるま湯＿大さじ2
- 塩＿5g
- 砂糖＿12g
- オリーブオイル＿大さじ1
- ぬるま湯＿170mℓ

フレッシュトマトソース（p.103 参照）＿適量

モッツァレラチーズ＿2個

ミディトマト＿7個

塩＿適量

オリーブオイル＿適量

バジル＿適量

1 ピザドゥを作る。ドライイーストと砂糖を小さなボウルに入れ、ぬるま湯を入れてよく混ぜ、ぷくぷくと泡立つまで10～15分おく（**a**）。

2 大きなボウルに強力粉と薄力粉、砂糖、塩を入れて泡立て器でよく混ぜ、真ん中を凹ませる（**b**）。

3 **1**とオリーブオイルを加え（**c**）、ぬるま湯を少しずつ加えながらゴムベラで混ぜ（**d**）、まとまってきたら、一まとめになるまで手で混ぜる（**e**）。

4 台の上に移し、たたきつけるようにしながらグルテンを出し（**f**）、手につきにくくなってきたら、向こう側に生地をのばしては丸めてを繰り返し、なめらかな状態になるまで5～10分練る。生地が台にくっついたらカードではがす（**g・h・i**）。

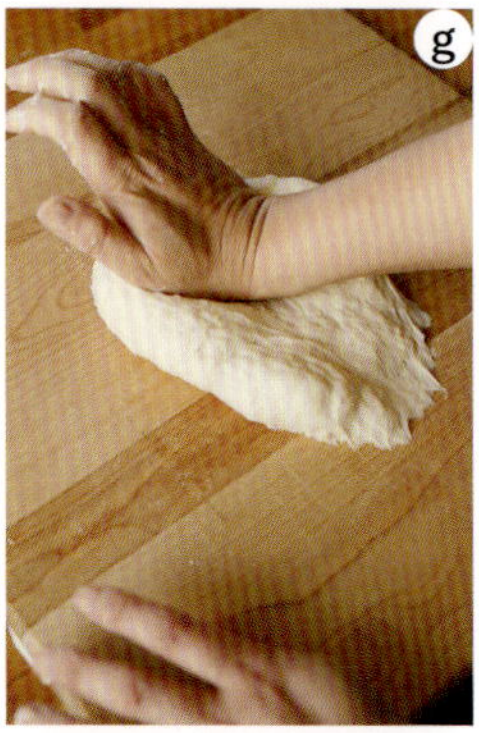

5 一つに丸めてボウルに入れ、ラップまたはぬれ布巾をかけて、暖かい場所で1時間くらい、約2倍の大きさになるまで発酵させる(**j**)。

6 生地がふくらんだら指を入れてチェックし、穴が押し戻らず、きちんと残るようならOK(**k**)。パンチをしてガス抜きをする(**l**)。

7 6を二つに分けて丸くのばし(**m**・**n**)、それぞれフレッシュトマトソースをぬり(**o**)、5～6㎜厚さに切ったモッツァレラチーズ、ヘタを取って半分に切ったミディトマトをのせ、塩をふる。

8 オリーブオイルを回しかけ(**p**)、220℃のオーブンで15～20分焼く。焼き上がりにオリーブオイルをさっと回しかけ、バジルを散らす。

ミディトマトのシロップ煮がころんと入った、キュートな見た目

トマトのおやつ

トマトゼリー

材料　100mℓ容量のグラス5～6個分
- トマト＿3個
- 板ゼラチン＿7.5g
- 水＿1カップ
- グラニュー糖＿70g
- はちみつ＿大さじ3
- レモンの搾り汁＿小さじ2
- オレンジキュラソー＿小さじ1
- ミディトマトのシロップ煮
  - ミディトマト＿5～6個
  - グラニュー糖＿150g
  - はちみつ＿大さじ1
  - 水＿1カップ

1 ミディトマトのシロップ煮を作る。ミディトマトは皮を湯むきし(p.17参照)、ヘタを取って鍋に入れ、グラニュー糖、はちみつ、水を加え、ペーパータオルで落としぶたをして火にかける。沸騰したら弱火にし、8分ほど煮る(**a**)。そのまま冷ます。

2 トマトはヘタを取り、半分に切って種を取り、ざく切りにする。ミキサーに入れ、なめらかになるまで撹拌する(**b**・**c**)。これで約450mℓになる。

3 板ゼラチンは水適量(分量外)に入れてふやかす。

4 **2**を鍋に入れて火にかけ、沸騰したら弱火にして10～12分煮る。全体に色が赤くなってきたら、水、グラニュー糖、はちみつを加えて煮立てて溶かし(**d**)、火を止めて、板ゼラチンの水気をきって加え(**e**)、余熱で溶かす。

5 レモンの搾り汁、オレンジキュラソーを加え、ボウルの底を氷水につけながら、とろみがつくまで冷やす(**f**)。

6 とろみがついたらグラスに流し入れ、半分ほど入れたらミディトマトのシロップ煮を1個ずつ入れ、残りを流し入れる。冷蔵庫に入れて冷やしかためる。

トマトで自家製

ローストしたトマトで作ると、味に深みが出てプロ級のおいしさ

ローストトマトのトマトソース

材料　作りやすい分量
トマト(トマト、ミディトマト)＿合わせて 1.5 〜 2kg
にんにくの薄切り＿3かけ分
オレガノ＿6〜7枝
塩＿適量
オリーブオイル＿適量

1 トマトはさっと洗って水気を拭き、ところどころに包丁で浅く切り目を入れ、にんにくの薄切りを差し込む。

2 天板におき、オレガノをのせ、オリーブオイルを回しかける。250℃のオーブンで10〜15分焼く(a)。

3 ローストトマトのヘタを取り除き、にんにく、オレガノは捨てずに鍋に入れ(b)、中火で30分ほど煮つめていく(c)。

4 塩、オリーブオイルを加えて味を調える(d)。

トマトたっぷり ミートソース

材料　作りやすい分量

牛ひき肉＿500g
トマト＿3個
ミニトマト＿20個
にんにく＿2かけ
玉ねぎ＿1個
セロリ＿1本
にんじん＿⅓本
マッシュルーム＿6個
オリーブオイル＿大さじ1
バター＿大さじ2
赤ワイン＿1カップ
ローリエ＿1枚
タイム＿1枚
塩＿適量

1 トマトは皮を湯むきし(p.17参照)、種を取ってざく切りにする。ミニトマトはヘタを取る。にんにく、玉ねぎ、セロリ、にんじんはみじん切りにし、マッシュルームは石づきを取ってみじん切りにする。

2 フライパンにオリーブオイルを熱してひき肉を炒め、色が変わってポロポロになったらザルに上げて油をきる(**a**)。

3 鍋を熱してバターを溶かし、にんにくを炒める。香りが出たら、玉ねぎ、セロリ、にんじん、マッシュルームを加え、全体にしっとりとするまで炒め、**2**の牛肉を加えて混ぜる。

4 赤ワインを加えて強火で煮つめ、トマトを加え(**b**)、つぶしながら4〜5分煮る。

5 **4**にミニトマト、タイム、ローリエを加え、天板にのせ(**c**)、ふたをする。180℃のオーブンで1時間ほど蒸し焼きにする。オーブンから出し(**d**)、全体に混ぜ、塩で味を調える。

ていねいに作った上質な味わい。オーブン仕上げが坂田流

煮つめると色がぐっと濃くなり、まろやかで飽きのこない味に

トマトケチャップ

材料　作りやすい分量
トマト
__9〜10個(1〜1.3kg)
玉ねぎ__¼個
にんにく__1かけ
ローリエ__1〜2枚
黒粒こしょう__10粒
砂糖__50g
塩__小さじ1½
白ワインビネガー__少々

1 トマトは皮を湯むきし(p.17参照)、ヘタと種を取ってざく切りにする。玉ねぎもざく切りにする。

2 **1**のトマトと玉ねぎ、にんにくをフードプロセッサーに入れて撹拌し、ピュレ状にする。

3 **2**を鍋に移して火にかけ、ローリエ、粒こしょう、砂糖、塩を加えて、沸騰したら弱火にし、ときどき木ベラで鍋底から混ぜながら、30〜40分コトコトと煮つめる。塩で味を調え、ワインビネガーを加える。

4 冷めたら保存瓶などに詰める。冷蔵庫で1ケ月ほど保存可。

カリッと揚げたホクホクのフライドポテトに、たっぷり添えたい。

乾燥して小さくなった分、甘みとおいしさがギュッと凝縮

セミドライトマトは、このままチーズと食べてもおいしいし、サラダやスープ、ピッツァのトッピングに使っても。

セミドライトマトのオイル漬け

材料　作りやすい分量
ミニトマト＿40個
塩＿適量
オリーブオイル＿適量

1 ミニトマトはヘタを取り、横半分に切って種を取る。ペーパータオルを敷いたバッドに切り口を下にして並べ、30分ほどおいて水気をきる。

2 天板に**1**を並べ、塩を軽くふり、130℃のオーブンで1時間ほど焼いて乾燥させる。

3 水気が残っていたらペーパータオルで拭き取り、さらに100℃のオーブンで30分ほど焼いて乾燥させる。

4 天板に広げたまま、一晩ほど室温で乾燥させる。これがセミドライトマト。

5 保存瓶に**4**を入れ、オリーブオイルをかぶるくらいまで注ぐ。常温で3ケ月ほど保存可。

フランス菓子店やフランス料理店での経験を重ね、独立。
現在、料理教室「studio SPOON」を主宰し、
国内外を問わず、常に新しいおいしさを模索。
プロの手法を取り入れた家庭料理の数々は、
どれも本格的な味わい。
著書に『クリームのことがよくわかる！お菓子の本』
『坂田阿希子の肉料理』（ともに文化出版局）、
『じゃがいも・ブック』『サンドイッチ教本』、
『スープ教本』、『サラダ教本』『洋食教本』、
『おやつ教本』（すべて東京書籍）など多数。

studio SPOON　http://www.studio-spoon.com/

ブックデザイン	茂木隆行
撮影	邑口京一郎
スタイリング	久保百合子
構成・編集	松原京子
プリンティングディレクター	栗原哲朗（図書印刷）

トマト農園撮影協力　原田柑橘園（神奈川県横須賀市）

p.11で紹介した「透明なトマトジュース」を作ると、さらしの中にトマトの果肉が残ります。この残った果肉を冷やすと思いのほかおいしい。生クリームとハーブを添えて、スタッフみんなのおやつに。

トマト・ブック

2019年7月22日　第1刷発行

著　者　坂田《さかた》阿希子《あきこ》
発行者　千石雅仁
発行所　東京書籍株式会社
東京都北区堀船 2-17-1　〒114-8524
電話　03-5390-7531（営業）　03-5390-7508（編集）

印刷・製本　図書印刷株式会社

Printed in Japan
ISBN978-4-487-81291-2 C2077